JN408667

왕방산 미용실

정춘식 제2시집

문학공원 시선 254

왕방산 미용실

정춘식 제2시집

흑인도 아닌 밤나무가 곱슬머리 폼을 낸다
상수리는 짧은 뽀글이파마를 볼륨 있게 한다
솔양은 찰랑이는 머릿결에 고급진 매직파마를 한다

▮자서▮

내 인생 두 번째 발걸음

녹색의 푸르름이 짙어지는 계절
자연으로부터 맑은 공기와 추억이 쏟아지고
여기저기서 시의 씨앗들이 발아하여
세상 밖으로 나오려고 꿈틀대고 있습니다

『왕방산 치과의사』에 이은 『왕방산 미용실』
여러분을 저의 두 번째 시 매장으로 초대합니다
제 시의 옹이가 여러분의 가슴에 맺혔던
삶의 응어리를 풀어줄 수 있기를 기대하며

제 詩集살이가 두 번 세 번 거듭될수록
자꾸만 행복해지는 여러분이 되셨으면 좋겠습니다

2024년 초여름

정 춘 식 배상

차례

2부. 7월에 내리는 눈

차례

3부. 까치의 초대장

4부. 감나무의 이력서

▌차례▌

1부.

추억의 티켓을 사다

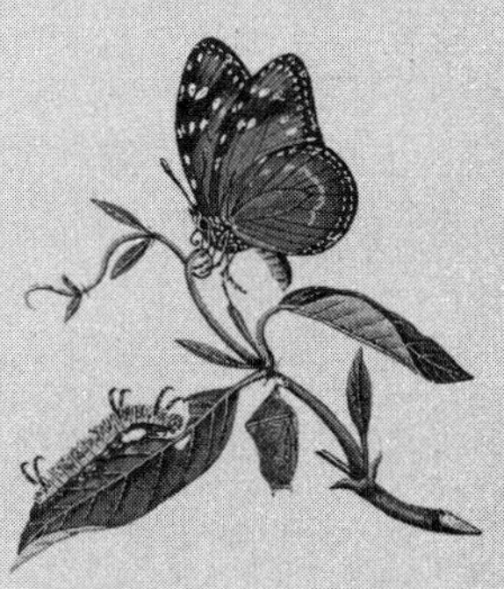

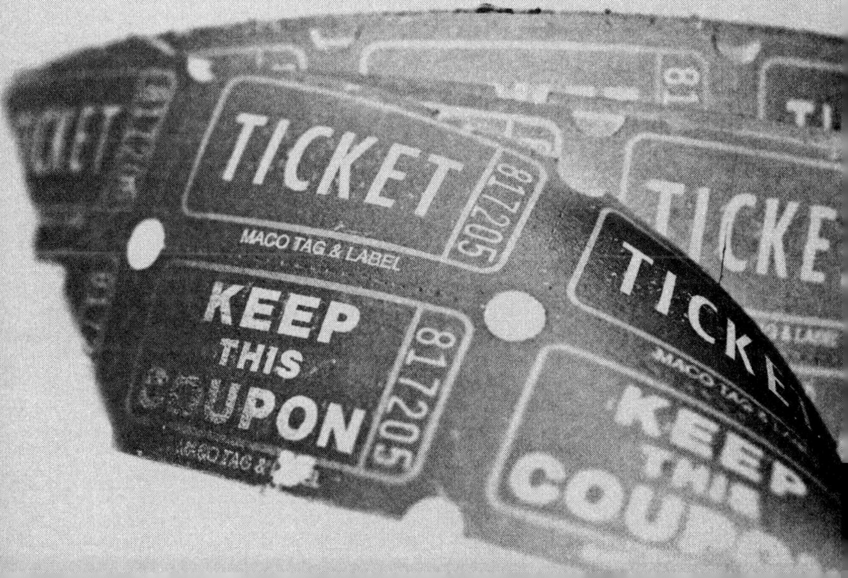
TICKET
817205
MACO TAG & LABEL
KEEP
THIS
COUPON
817205
TICKET

하늘호청을 두드리는 홍두깨

오랜만에 하늘 호청을 빨래했다
호청이 하도 넓어 여기저기 빨래꾼들이 수두룩하다

그녀들 주변에는 여러 그룹이 함께 축제를 열고 있다
그녀의 규칙은 일어나면 기지개를 켜면서 시작했다
라일락 철쭉 금낭화는 열심히 커닝했다
그녀는 시커먼 눈물이 씻길 때까지 봄바람을 힘차게 유혹했다
그녀는 무슨 색깔로 홍두깨를 깎을까 고민했다
처음에는 밤색으로 깎았다
두 번째는 녹색으로 깎았다
세 번째는 깔끔하게 흰색으로 깎았다
그녀는 형형색색 반짝이는 조각을 손끝으로 깎아냈다
칼국수집 만둣집 중국집 사장님들이 엄지척을 한다
성격 꼼꼼한 그녀는 하얀 방망이로 하늘 호청을 두드렸다
마침내 축제가 끝나고 사방에는 꽃가루가 흩날린다

성격 차이

20대의 어느 가을이었다
나는 새 친구를 만나기 위해 식당으로 들어갔다
광어 전어 우럭 처음 만나는 세 친구들
세 친구 중에 나는 광어를 사귀기로 했다
방문을 열고 광어가 들어오는 순간
내 머릿속 뚜껑이 확 열렸다
얼굴에 윤기 좔좔 흐르는 친구가 너무 부럽다

나는 광어 손을 덥석 잡았다
그때 광어 친구가 두툼하게 주먹을 쥐고 나를 때렸다
이번엔 나를 꼬집어 뜯고 비틀었다
내 몸은 온통 열꽃이 피었다
광어랑 나랑은 성격이 맞지 않았다
그럼에도 저 끝도 없는 광어의 인기
나는 광어 생각만 하면 지금도 두드러기가 올라온다
첫사랑 내 친구야 잘 가
잘 먹고 잘 살아라

연예인 가족

얼음물을 벌컥벌컥 들이켜는 7월 어느 날
앞집 길순 언니네에 갔다
텃밭에는 백일홍 채송화 맨드라미가 마을을 이루며 살고 있었다
예쁜 얼굴로 모델 생활을 하고 있는 그녀들
가끔씩 한옥마을 창문 모델도 하고
동화책 표지 모델도 했다

하늘엔 먹구름이 잔뜩 끼더니 비가 퍼붓기 시작했다
한 아이는 눈이 빠질 듯 머리를 쥐어짜며 울었다
자그마한 눈에 눈물이 그렁그렁했다
"저 하늘에도 슬픔이"
"엄마 없는 하늘 아래"
그녀들은 텃밭에서 슬픈 영화를 찍었다

칠부바지 그녀

어린 시절 천방지축 이리저리 뛰노는 나를
사람들이 엄청나게 깔보았다
매일같이 친구와 모여서 있는 자리에도
바짓단엔 늘 흙이 껌딱지처럼 붙어 있었다
마당질하는 가을날이면 바지 끝자락은
흙이 범벅이 되어 있었다
건넌방 부엌 옆에 있는 툇마루에 걸쳐 앉아 졸다
땅으로 떨어진 적이 한두 번이 아니다
그러던 어느 날 사춘기가 지나 스무 살이 된 나에게
그녀가 미소를 지으며 친구 맺자고 찾아왔다
나는 레이스만 너무 많이 붙이고
정강이가 짧은 바지는 싫었다
라일락, 그녀는 작은 키에 향수를 너무
많이 뿌려서 싫었다
목련꽃 그녀는 내 키를 잘 알고
복숭아뼈가 보이게 입으라고 했다
나에겐 키 큰 친구 키 작은 친구 다 있지만
나를 깔끔하게 만들어준 넝쿨째 굴러온 그녀는
칠부바지를 즐겨 입던 벚꽃 친구다

토끼눈 그녀

토요일 오후 심상치 않은 일이 벌어지기 시작했다
뭉게구름과 새털구름의 얼굴이 사나운 표정을 하고 있다
처음에는 몇 번 쐐기를 박았다
그리고 담장을 덮쳐 꼼짝 못하게 벌을 세웠다
가뭄을 버틴 담장 밑에 앵두나무
씀바귀와 망촛대는 눈치가 구 단이다
그녀들은 떨 준비를 하고 있다
그녀들은 보상이라도 받은 기분으로 먹구름 짙은
구름 속에서 비를 맞고 있다
사과 자두도 아니고 광대뼈 쳐진 볼이 새빨개졌다
앵두나무는 자기들의 기도가 이루어졌다며
토끼눈을 또르륵 굴리며 미소 짓는다

운동화

어디로든 떠나고 싶은 계절에 운동복과
운동화가 잘 어울리는 사람을 만나고 싶다
서로 떨어져 살다가도 만나면 반가워
오른쪽 끈을 왼쪽으로 지그시 묶어주는 사람을 만나고 싶다
남의 일을 내일처럼 끈끈한 정이 많은 사람들과
마을을 이루며 매듭처럼 살고 싶다
신발 끈을 맬 때 아래쪽을 약간 느슨하게 매주는
사람하고 뭉쳐 살고 싶다
먹고사는 일을 신발 두 짝처럼 합쳐 거들어주고 싶은
사람들과 이웃하며 살고 싶다
부엌에서 땀 흘리며 주저앉아 밥 한 그릇 나눠 먹는
그런 이웃을 만나고 싶다
세상의 모든 매듭을 소탈하게 묶어주는
그런 사람과 이웃하며 살고 싶다

* 김순진의 「깻잎반찬」을 패러디하다

왕방산 미용실

6월이 되자 남풍이 불었다
치과를 차려 재미를 보았던 그가
이번에는 미용실을 차리자마자
손님들이 문전성시를 이루었다

밤나무 상수리나무 소나무
파마를 위해 차례로 순번을 기다리고 있다
흑인도 아닌 밤나무가 곱슬머리 폼을 낸다
상수리는 짧은 뽀글이파마를 볼륨 있게 한다
솔양은 찰랑이는 머릿결에 고급진 매직파마를 한다
마이클잭슨 스타일과 똑같나요
밤나무는 자랑질이다
그들의 머리에서는 녹색 향기가 솟아날 것이다

남풍 불어오는 왕방산은 파마 향기로 그윽하다

집으로 가는 길

아침에 일어나 냇가에 가서
참새까치비둘기꿩직박구리딱따구리해오라기앵무새박새까마귀학부엉이제비물총새소쩍새를 만났다

그리고 돌아와
콩떡인절미시루떡절편송편쑥떡감자떡흑임자떡시루치떡바람떡백설기소갈머리떡먹었다

들에는
진달래찔레꽃개나리꽃벚꽃할미꽃봉숭아백일홍맨드라미꽃분꽃백합꽃원추리꽃물봉숭아꽃부추꽃가지꽃제비꽃장미꽃과꽃배꽃감자꽃나리꽃냉이꽃복숭아꽃이 핀다

세수하고 떡 먹고 별별 참견을 다하며 집으로 가고 있다
신축년 소띠해에 음매음매
기죽지 말자

추억의 티켓을 사다

드디어 일산 호수공원으로 소풍 가는 날이다
하늘 구름이 먼저 내 앞에서 달릴 준비를 한다
얼굴엔 선크림을 뽀얗게 바르고 호수공원에 도착했다
나도 매표소에서 인증샷을 찍고 사방으로 손을 흔들며
그녀를 찾았다
그런데 그녀는 옥상에서 내려다 보면서도 못 내려오고 있다
그녀의 친구 철쭉꽃 장미와 찔레 양은 주책을 부리면서도
얼굴에서 피부 광채를 내 뿜는 게 더 예쁘다
단풍아 걱정 말고 내려와 친구들이 말했다
그녀는 뻥 소리에 놀라 자빠질 뻔해서
군밤 아저씨의 꿀밤이 싫다
참기름 아주머니 뜨거운 눈물이 싫다
여러 가지 핑계로 어지간히 오기 싫어했다
나는 어릴 적 쑥떡 삶은 계란 삼각 주스 먹던 생각이 났다
지금은 너무 변해 버린 도시락 주문하고 쉽게 소풍을 간다
나는 고양꽃박람회 티켓으로
군용 트럭 타고 흙먼지 뒤집어쓰고
소풍 가던 추억을 샀다

산모의 눈물

북한산자락 야트막한 효농원에서 그녀를 처음 만났다
강물은 뒤를 돌아보지 않고 흐르듯이
뒤도 안 보고 그녀를 집으로 데리고 왔다
그녀가 우리 집으로 온 지도 몇 달이 지나서
새벽녘 모법처럼 괜찮아질 거라고 믿었다
그녀는 새 생명을 잉태한 몸이었다
창문 밖엔 흔들리는 나뭇잎이 부딪치는 소리가 들려도
방안은 비명 지르듯 고요해 움직임이 없다
그 틈을 타 그녀가 진통이 오는 줄도 모르고
나는 곰탱이 같이 잠만 쿨쿨 잤다
드디어 그녀의 몸에 고여 있던 양수가 뚝뚝 흘러내렸다
그녀가 무거운 눈꺼풀을 들어 올린다
꽃잎 한 장에 눈물 한 방울이 한 올 바람에 휘감기고
가슴팍 언저리 파르르 호흡한다

그녀가 너무나 예쁜 공주님을 낳았다
살을 찢는 진통에서 벗어난 그녀
한 송이 꽃 만개했다

팔랑이는 반장의 옷

어렸을 때부터 캉캉치마를 입고
당당한 여인이 되고 싶었다
백화점에 들어선 순간 눈에 확 띄는
까무잡잡한 그녀의 옷을 벗겨왔다
집에 와서 꿈해몽처럼 롱치마의
옵션을 연출하기 시작했다

열심히 발품을 팔아
레이스를 비싼 가격에 사서 달았다
이번엔 우정이가 돌솥무늬 점박이 레이스를
1단으로 달아 주었다
그 뒤를 이어 순영이가 만두무늬 레이스를
2단으로 달고 있다
갈수록 비싸지는 레이스 사느라
몸과 마음과 정신이 아찔하다

앗싸 사람이 죽으라는 법은 없다
11월에 혜숙이가 버섯무늬 레이스를
3겹으로 달아주었다
이 친구가 사고 저 친구가 사고

끊임없는 반원들이 선의에 가슴이 뛴다
이제 서서히 캉캉치마가 완성되어가는
11월이 지날 즈음 내 캉캉치마는
반원들 모두의 치마가 되었다

웃음을 주는 물리치료사

간밤에 등에 담이 결린 듯
통증이 와서 한의원을 찾았다
꽁지 빠진 닭처럼 어깨는 축 처지고
쌍꺼풀 라인이 잡히며 간신히 문을 열었다
원장님 왈, 안녕하세요 잠시만 기다려 주세요
나는 침대 위에 엎드려 있었다

그녀가 커튼을 쳐놓고
어깨를 이리저리 콕콕 짓눌러도 좋았다
한 십 분 정도가 지났다
그러더니 갑자기 어엉엉 엉엉엉 어흑흑흑
하하하 나 대신 입으로 울고 있었다
나는 그만 웃음을 참지 못하고
원장님 저 환자 맞지요, 그럼요 맞지요
원장님 저 치료 못 받습니다
환자분 치료 다 끝났습니다
배꼽 빠질 뻔하게 웃어본 적이 처음이라
창피해 병원을 뛰쳐나왔다

그녀는 물리치료를 시행하는
기계 치료 마사지 커리큘럼이다

샴푸축제

여의도 윤중로 머리를 흔들며 춤추는
일명 샴푸축제가 시작됐다
둑방길 옆 화살나무는
소나무보다 더 많은 샴푸를 했는지 춤을 잘 추고
등나무는 머리를 너무 많이 흔들었는지
혼비백산하며 뿌리째 뽑혔다

둑방길 앞쪽의 황매화는 머리가 모두 날아가 버렸고
벚꽃은 빠글빠글하던 파마머리가
바람에 흔들려 새치가 공중 비행 중이다

둑방길를 걷다 보니
온통 머리를 흔들며
너나 할 것 없이 샴푸축제에 참여 중이다
홍매화 벚꽃 목련은 계절이 깊어질수록
탈모가 진행될 것이다

샴푸축제에 참여한 사람들은 모두
제 머리카락을 잊어버리고
녹색 가발을 쓸 것이다

춤꾼들의 기우제

가뭄이 계속되면서 망우묘지에서
무도회 방식으로 기우제를 지내기로 했다
전국의 춤꾼들은 다 모이시오
많을수록 좋습니다
아카시아 언니가 느닷없이 난입해
코고무신을 신고 막춤을 추었다
벚나무는 할머니의 몸빼바지를 입고
캉캉 춤을 추었다

드디어 춤판의 열기가 무르익은 가운데
회색 쫄바지를 입은 참나무 춤꾼이 나타나
양다리를 마름모로 벌렸다가 좌우로 흔들며
언빌리버블, 외치며 흥분했다
그는 박수치며 팔을 머리 위로 흔들었다
그는 팝스타 마이클잭슨의 노래에 맞춰
백스텝 춤도 추었다
그는 익살스러운 춤을 추는 타고난 춤꾼이다

종료를 꿈꾸다

독도에서 해가 먼저 뜨지만
공릉동 정형외과 문이 일찍 열렸다
뒷목이 뻐근하고 손끝이 짜릿해서 병원을 찾았다

백사장 모래알처럼 하얀 미소를 지으며
정 원장님이 넌지시 내게 인사했다
이 간호사 박 간호사도 나를 보더니
반갑게 웃는 얼굴에 유난히 치아가 반짝였다

그때 정춘식 님 진료실로 들어오세요
나는 목디스크 진단을 받고 5층으로 올라갔다
치료사 선생님 왈
목견의자에 앉아 있어요
그리고 가죽 벨트로 목을 채웠다
순간 나는 지옥과 천당을 오가며 경험했다
목뼈 사이를 당겨줘서 눌려있던 디스크 신경이 덜해져
고통을 경감시켜주는 원리란다

꼬깃꼬깃 숨겨 놓은 내 몸
건강은 내 것이 아니었다
물리치료를 받고 있는 지도 벌써 5개월이 돼간다
이젠 내 몸의 죗값을 종료하고 싶다

양주에서의 추억

이른 아침부터 높고 푸른 바람에 부딪치며
힘차게 바퀴를 돌리는 양주행 전철을 탔다
드디어 장욱진미술관에 도착을 했다
연실 하하거리며 찰칵찰칵 폰을 누르고 또 눌렀다
박재삼 시인의 「울음이 타는 가을 강」
김시철 시인의 「가을 오는 소리」를 모두 관람했다
턱턱 숨 막히며 등줄기로 파고드는 땀
얼굴은 빨갛게 달아오르고 눈동자는 턱턱 숨 막힌다
그래도 친구들을 만나 이야기보따리를 풀어서
시공간의 신기한 바람구멍이 생겨났다
바람은 햇살과 나무손을 마주잡고
헤프게 껄껄껄 웃었다

이름난 헤어샵

첫눈을 맞으며 마곡나루 서울 정원에 초대되었다
긴 머리 휘날리며 초대장을 들고 입장했다
그 넓은 정원에는 한층 열기가 더해지고
헤어쇼의 막이 올랐다
올리브나무 오렌지나무 레몬나무 벤자민나무
안목 높은 그녀들은 빠글빠글 파마를 한다

열대에서 온 그녀들은 긴 생머리 찰랑거리는 것이
멋이라며 매직파마를 했다
갈대 억새풀 강아지풀 그녀들은 짧은 숏커트를 하고
자신 있는 표정을 지었다
하지만 단풍이 은행나무 화살촉나무 그녀들은
염색이 탈색되어 머리가 빠지고 있다

오늘 헤어쇼에서는 긴 머리 아이비
스킨답서 마크라메 거짓커트 구불이가
헤어쇼의 수상자다
그리고도 어릴 적 포부를 물으면
긴 머리 거짓커트라고 말할 것이다

도망치고 싶은 그들

찬비를 맞으며 그녀들이 태어났다
그녀들은 태어나면서부터 기관지가 약해서
하얀 마스크를 쓰고 나왔다
그녀들은 동그란 얼굴 또렷한 눈과 입
모두를 보여주고 싶어 했다
초록이 물드는 여름에 찬란히 피어나는 태양
속에서 힘겹게 극복해서 잠시 벗었다
그러자 뜨거운 태양 아래 그녀의 솜털이 뽀송한
얼굴에 두꺼운 마스크를 쓰고 말았다
양볼 통통하게 젖살이 올라와
수줍음 많은 뽀얀 얼굴을 보여주고 싶었다
이제 젊음이란 없는 걸까
도시를 바라보며 마스크를 벗고
한 발 크게 내딛어 도망치고 싶다
복숭아 배 사과는

프리마돈나

해가 불쑥불쑥 솟아올라
동네는 고요하기 그지없다
어둠이 떠난 빈자리는 까마귀 까치 비둘기
세 남정네들이 접수했다
화단에 나무들도 미리 집 단장을 하더니
식솔들이 살기 힘들다고 아우성이다
소프라노 메조소프라노 알토
그녀들은 공연이 끝나고 이 집 저 집 나뉘어
잠시 쉬기로 했다

갑자기 먹구름이 몰려오며
분장한 얼굴이 사색이 되어 떨고 있다
검은 양복을 입은 남정네들은 얼굴에
희끄무레한 문신을 하고 이 집 저 집 기웃댄다
그녀들은 수국 잎에 얼굴을 묻고
프리마돈나는 한창 공연 중이었다
남정네들은 한참을 서성이며 주위를 살피다가
무거운 발걸음을 옮겼다
남정네들은 904호가 공연장인 줄 몰랐다

2부.

7월에 내리는 눈

먹구름의 변신

바람은 서서히 새털구름 뭉게구름을 몰아내고 그녀를 불렀다
그녀는 눈가에 어느새 촉촉이 젖어든다
농부들은 서둘러 텃밭에 가지 고추 고구마를 심었다
또 사이사이에다 복합비료를 한 스푼씩 나눠 주었다

그녀는 가지 고추 고구마 얼굴 사이로 주먹만한 눈물을 흘렸다
그녀의 눈물 덕분에 산과 텃밭들의 푸르름을 화려하게 바꿔 놓았다
가정의 달을 맞아 어린이부터 어른까지 생수를 챙겨주었다
낮은 곳으로 더 낮은 곳으로 흘러가는 그녀가
이번에는 방생을 한다

립스틱 짙게 바르고

고개 들어 바라보니 왕방산 해룡산 천보산이 보인다
내 고향 포천동이 강강술래 하며 손잡고 돌고 있다
나는 마음을 달래려 해룡산 투바이고개 정상에 올랐다
굳게 닫힌 표정으로 진달래가 갸우뚱하며 나를 바라
본다
노송 할머니는 머리채를 격하게 흔들며 춤을 춘다
진달래 철쭉 홍매화가 립스틱 짙게 바르고 둥가둥가
춤을 춘다
나는 홍이 난 그녀들과 커피타임을 가졌다
쏟아지는 그녀들의 웃음소리 꽉 막힌 속이 뻥 뚫렸다

그녀들의 홍에 우울한 마음을 잊어버리고 돌아온 나는
봄날 분위기에 맞춰 김치전 부추전을 부쳤다

강아지풀의 꿈

장마 후 강 한가운데
강아지풀 섬이 생겼다

비가 지속적으로 내려도
그들은 밥을 잘 먹는다
비가 안 내리고 가뭄이 심해도
그들은 밥을 참 잘 먹는다
바람에 등을 떠밀린 그들은
서로 손을 잡고 외딴섬으로 이사를 왔다
살기 위해 그들은 조리도 만들고
즙도 짜서 판매도 한다
구슬땀 흘리는 그들을 위해 비둘기 아저씨는
꾹꾹구 구구구 열창을 했다
까치 아저씨는 하얀 구름무늬 옷을 입고
연실 총총걸음으로 자랑을 한다
오리 엄마는 머리에 똬리도 없이
농사지은 것들을 서둘러 육지로 옮기고 있다
섬마을 동네는 육지보다
온도가 천천히 오르는 것을 잘 알고 있다

그들은 날마다
육지로 이사 나오는 꿈을 꾼다

텃새와 철새

새집을 지을 20일 동안 지낼 고향 집을 찾았다
텅 빈 집에 첫발을 내딛는 순간 앞을 가로막는 자가 있다
대문 앞 키 작은 양지꽃이 나를 반긴다
장독대 옆 자두꽃 제비꽃도 두 팔 벌려 환영한다
현관문을 열고 주방 쪽으로 갔다
가스레인지 후두에 보금자리를 마련한 참새 부부
나를 보는 순간 삿대질하느라 이성을 잃어간다
아이들 손잡고 이곳저곳 다니며 서민의 고통을 아느냐고 물었다
나도 힘들어 입술이 부르텄다고 했다
참새 아빠는 내 말을 완전히 무시했다
쥐똥만한 키에 박치기왕처럼 우편함을 박으며 협박을 한다
얄미운 고양이 아저씨는 날계란만 드시면서 날 보고 참으란다
텃새가 된 참새는 나를 철새로 여기며
키 작은 새아빠가 큰 목소리로 방방 뛴다
무서운 생각이 들어 얼른 쌀을 퍼다 주었다
노숙은 짧고 인생은 길다

널뛰기 우승자는

마장호수에서 널뛰기 경기가 있어
찜통더위 땀은 내 뒷덜미를 잡고 출전했다
산속 숲길을 친구들과 사진을 찍으며
마장 호수공원에 들어섰다
소나무 숲을 건너온 바람 새 나비도
8월의 폭염에 무릎을 꿇었다
선수들을 응원하는 산나리 비비추 꿩의다리
그녀들도 어깨만 축 쳐져있다
정한이 태숙이 재숙이도 덩달아
이끼 낀 바위 할머니 등에 기대어 졸고 있다
모과나무에서 무심하게 졸다 툭 떨어진
못생긴 그녀마저 출전을 못하고 멋스러워 히쭉 웃었다
벌써 게임을 끝내고 목에 꽃다발을 두른 능소화
널뛰기에서 우승한 그녀가 모두의 갈채를 받았다

왕방산

창문을 열면 그가 내 앞에 서 있다
그의 마음도 내 앞에 앉아있다
그는 앞에서 보면 커다란 고래 같아 보인다

자세히 보면 머리숱이 무척 많다
옆에서 보면 솜털이 바람에 날린다
그가 해를 전송한다

해가 뉘엿하게 지고 있다
그한테 꽂혀있던 마음을 접고 있다
마음속 그의 얼굴을 그림으로 그리고 있다

순환하다

야무지게 옷을 잘 챙겨 입고
배낭을 메고 친구를 만나러 간다
까치가 귀한 손님을 부르는 듯한 역으로
풍차 돌아가듯 발을 굴리며 달려간다
우선 식당으로 들어가 배를 든든히 채운
우리 일행은 산을 향해 걷는다
바위 뒤편에 계시는 큰부처 할아버지
친구들을 보시고 빙그레 웃으셨다
이 산 저 산 계곡에서 폭포 할아버지의 수염
만 희끗희끗 바람에 날리시며
우리를 지켜보고 계셨다
온통 꼬불꼬불하고 울퉁불퉁한 길
가파른 깔딱 고개를 넘었다
산비탈길 옆에 서 있는 쪼글쪼글 늙어 빠진 돌배는
기척 없이 웅크린 채 바람에 눈만 깜박거린다
눅눅히 젖은 낙엽을 밟으며 내려온 우리는
우이동 종점 역에 도착했다

피가 내 몸을 한 바퀴 돌듯
우리는 동네를 한 바퀴 돌았다

답답함을 대여하다

바람이 나를 창덕궁으로 떠밀었다
나는 궁으로 들어가지 않고
옷을 대여하는 집으로 들어갔다
친구들과 얼굴을 내밀며
저 왕비 옷을 대여할 수 있나요, 물었다
그럼요 들어와서 보셔요, 하셨다

어침장이 붉은 저고리와 당의, 남색치마를 입혀주었다
머리에 가채를 쓴 나는 순식간에 근엄한 문정황후가
되었다
닐리리야 닐리리
노들강변 노랫가락 한강수타령 춤도 추었다
서슬이 시퍼렇고 근엄한 문정왕후의 표정을
찰칵, 휴대폰이 증언해주었다

그날 나는 내명부에 수장으로
구중궁궐 답답한 마음을 대여했다

여전한 인기

귀때기를 시끄럽게 쑥덕대는
북한산 야트막한 텃밭을 찾아갔다
쑥들이 희끄무레한 옷을 입고 줄지어 기다리는
텃밭의 모습이 참말로 이쁘기 그지없다
나는 밭에 껌딱지처럼 붙어 수다를 떨며
비닐 봉지 가득 쑥을 캐어 집으로 돌아왔다
쑥 강낭콩 검정콩 멥쌀을 훌훌 털어
둘둘 버무려 찜기에 넣어 푹 쪘다
시커멓고 어리버리하던 촌뜨기들이
왕서방 찜쪄먹게 빛이 났다
들쑥날쑥 후 덜덜 생김새는 제각각이지만
이 손 저 손 자주 손이 간다
그녀의 이름은 쑥버무리
그녀의 인기는 유명한 연예인보다 높다

환승하다

내 인생의 10대 시절은 대중교통
덜컹거리는 시외버스를 타고 다녔다
가운데가 뻥 뚫린 토큰이나
아주 작고 얇은 종이 회수권이 전부였다
지금 내 인생은 그때와는 천차만별의
마음대로 어디를 갈 수 있는 우등고속 인생이다

동료 어머니가 작고했다는 기별을 듣고
친구와 무거운 마음으로 동서울터미널로 향했다
매표소에서 우등고속 표를 받아들고 보니 앞이 뿌옇고
슬퍼할 친구의 얼굴이 떠오르며 착잡했다
그래도 우울한 마음을 억누르며 차에 올랐다

그동안 나는 공부만 잘하면 우등생인 줄 알았다
세상에 태어나 나는 처음으로 우등 손님이 된다
순간 우등생이 되는 기쁨 반 슬픔 반으로 자리를 잡았다
저녁 서울로 돌아오는 길엔 망자를 위로하듯 비가 내렸다
고속버스에서 내린 후 흩어져 비와 환승하고 시내버스도 환승한다

* 황우정 시인과 윤정한 시인의 어머니상(喪)에 청주를 다녀오며

하천, 틀니를 하다

계절이 수없이 지나가자
그녀의 얼굴은 수축해지고 몸은 나날이 쇠약졌다
그러다 둑방길 붉게 뒤덮은 풀벌레 소리에
눈 껌벅거리며 입술이 부르트기 시작했다
그녀의 잇몸은 견뎌내지 못하고
피고름과 악취가 진동했다
오리 해오라기 백로 옆집 친구들이
분주하게 고름을 닦아주었다
햇볕 양이 줄자 그녀는 잇몸이 붓고
바싹 말라가기 시작했다
사계절 비바람과 맞서 싸우던 그녀가
어금니 송곳니 앞니를 잃었다
어쩜 좋아 어쩜 좋아, 안타까움에
오리 엄마는 치과에 예약해 주었다
그녀는 그 다음 날 뺐다 꼈다 하는
하얀 틀니를 하고 나타났다
드디어 그녀가 누리끼리한 누렁 이에서 탈출한 것이다
평소에 잘 웃지 않던 그녀는
활짝 잇몸을 드러내며 하얀 이를 자랑질이다

명함

강릉 가는 흔들리는 버스 안에서
그녀를 처음 소개를 받았다
그녀를 보는 순간 나는 사랑에 빠졌다
뽀얀 피부와 작은 쌍수를 가진 눈이 매력적이다
그녀의 얼굴엔 광채가 번득였다
핸드백이나 지갑 손에 들고 있을 때
그녀만 생각하면 속마음이 든단하다
그녀는 발도 엄청 빠르다
그녀는 사람들이 일렬로 줄 서는 곳
손 내밀며 은근슬쩍 악수도 잘한다
사람들이 아무리 많아도 우당탕탕
뛰는 일이 없다
다른 사람의 마음을 얻으려 배려하는 그녀
발 빠르게 움직여 주는 그녀가 있어
나도 해벌쭉 웃는다

굴비

롯데백화점에서 일주일 동안 세일기간이라
백화점 안으로 들어갔다
영광에서 짭조름하게 살림을 잘하는
그녀들이 모처럼 줄지어 들어왔다
손님들의 마음을 사로잡은 생각에 푹 빠져있다
손님들은 그녀들을 보기 위해 완전 북새통이다
손등으로 매운 눈물 훔칠 때
손이 터 벌어진 손은 얼마나 쓰리고 아팠을까
말 한마디 없는 무거운 침묵이 흘렀다
그녀들은 긴장감이 풀렸는지
그만 잠이 덮쳤다
그녀들은 결코 헛되지 않게
씩씩하게 살기를 다짐했다

양말 비서와 동행하는 아침

그는 새벽 동이 틀 무렵
꼼지락거리며 집을 나섰다
그는 낮과 밤이 분명한
바람만 휩쓸고 간다
그는 평소에 익숙한 업무와는 상당히 다른
성격의 비서 직무에 충실했다
낡고 헤어져 기우고 덧댔지만
재벌가의 빈티지 가구보다 우아하다
고린내와 퀴퀴한 냄새 진동하지만
만족하지 않은 적 없었다
맑은 공기와 신선한 바람이 그리워
뼛속까지 발가락이 노출돼 있다

그는 구멍을 통하여
새로운 세상을 받아들이는 중이다

건망증

11월 중순인데 아무런 준비 없이
황당하고 어처구니없이 첫눈이 내렸다
진달래 개나리
그녀들은 겨울방학 끝나고 돌아온다고
땅끝마을로 유학을 떠났다

그녀들 없는 빈집을 가끔씩 둘러봐달라는 부탁을 받고
용마산 텅 빈 집에 잠시 들렀다
그녀들은 언제 왔는지 바람에게 따귀를 맞고
옷이 찢겨져 나간 채 엉엉 울고 있었다

그녀들은 고드름 눈물을 흘리며
왜 머물고 있는지 알 수가 없다

사람만 건망증이 있는 게 아닌 모양이다
하늘에서는 계절도 모르는 채 눈이 내리고
개나리 진달래가 때 없이 핀다

봄에 떠나신 복사꽃 어머니에 대한
그리움만 쌓여갈 뿐이다

별미

아침부터 초겨울 비가 추적추적 내리는 날 오후였다
어릴 적 별미 생각이 내 머리를 스쳐지나 갔다

찬밥도 있고 해서
양푼에 밀가루 반죽을 해서
냉장고에 넣어두고 육수를 끓렸다
냄비에 감자 호박 부추가 수장되어
용솟음치고 있다
냉장고에서 꺼낸 반죽은
내 손에서 미끄러질 듯이 뜀박질을 즐기고 있다

쫀득하고 탱글탱글한 수제비 한 대접 조리로
건져 콩고물옷을 입혔다
인절미 수제비는 어느새 할머니의 손맛을 닮아
식탁 위에 냄새를 풍기고 있다

할머니 흉내를 내본 인절미 수제비
어릴 적 꼬마였던 내게
춘식아 수제비 먹어라, 하시는 것 같다

7월에 내리는 눈

초록빛으로 물들여지는 7월에
조카 건우가 태어났다
어머니는 백일이 다가오자
귀한 손자의 무병장수를 기원하며
백설기 떡을 하기로 했다

어머니는 발품을 팔며 온 동네를 누빈다
내일은 영평리 모레는 양문
발품을 팔아 백 집을 다니며 쌀 동냥을 다녔다
동냥해서 얻어온 하얀 멥쌀을 물에 불려
절구에 쿡쿡 쪄 체로 치고 시루에 가득 담았다

벽에 붙여진 겨울 눈 내리는 풍경을 보니
백설기 떡 위에 무명실 목걸이를 한 북어가 생각난다
구멍 난 하늘은 멥쌀가루로 온 세상을 덮고 있다
어머니가 눈을 흠뻑 맞으며 오고 계신다

꿈속에서 일수 찍는 아버지

아버지 생신날
물소 가죽 지갑을 선물로 사드렸다
아버지 호주머니에는 단짝 친구
지갑이 껌딱지처럼 붙어 다니셨다
아버지가 돌아가시고 나는
유품으로 물소가죽 지갑을 집으로 모셔왔다
아버지의 체취는 그대로인데
나는 아버지 지갑에 백만 원을 넣어 드렸다
그런데 결혼식장에 가려고 하니 축의금이 모자란다
외출할 때 서랍을 열고 말했다
아버지 저 돈 좀 빌려주세요
그래 얼마나, 하시는 것 같다
대답이 있을 수 없다는 것 잘 알지만
습관처럼 돈 좀 빌려주세요, 한다
오늘 밤 어김없이
춘식아 용돈 확인했다, 며
내 등을 다독이신 것 같다
오늘도 나는 아버지 지갑을 만지작거리고 있다

해룡산

오늘은 할머니의 제삿날이다
창문 밖 북쪽 하늘에 여전히 남풍이 불고
왕방산 천보산이 봄을 버티고 있다

그 옆에 해룡산이 아침이 밝자 황금빛을 받으며 태어났다
거대한 몸을 지닌 그녀는 할머니의 마음같이 풍성하다
원추리 고사리 두릅 등 풍족히 산나물을 내어준다
어스름한 바람이 불면서 해룡산에 해가 뉘엿뉘엿 지고 있다
어둠이 짙을수록 안개가 자욱하다
바람은 그녀의 얼굴을 흰 수건으로 가리고 있다

나는 할머니를 닮은 그녀의 모습을 보면서 눈물샘에 빠졌다
뜨거운 눈물이 가슴속에서 뛴다
그녀는 겨울보다 춥던 봄으로 돌아가 깊은 잠을 청한다

〈디카시〉

하루라는 보석

둥근달이 마음 깊이 내 심장을 뚫었다
부엌 찬장 틈새로 삐져나오는
한 줄기 빛이 그물을 쳤다
나는 하루라는 다이아몬드를
하나하나 걸어놓는다

3부.

까치의 초대장

까치의 초대장

시끌벅적 어수선하게 움직이며 떠드는 소리가 들려 문을 열었다

구리에 살던 까치 비둘기 참새가

수락산을 지나 포천으로 이사 왔다

알고 보니 나 없는 사이에 우리 집을 세 번이나 다녀갔다

까치 총각은 포천 처녀를 얻어 여기서 살고 싶다고 했다

그는 자꾸 운동화 뒤축을 툭툭 차며

앞집 친구한테 말을 해보라 했다

그래서 참새 부동산을 소개해 주었다

탁 트인 전망이 좋은 전봇대에 터를 잡아 3층으로 집을 짓기로 했다

목재를 러시아 소송으로 할까 미국산 미송으로 할까

건축 자재비와 인건비의 인상으로 고민하다

해룡산 육송으로 기둥을 세우기로 했다

에어컨 바람을 싫어하는 그는 집을 높이 짓기로 결정했다

드디어 준공식을 한다며 그가 초대장을 보내왔다

옥수수 할머니

무더위를 피해 가방을 메고 버스에 올랐다

겉보리만큼 거친 얼굴에 골이 패인 할머니와
치아가 가지런한 그녀도 함께 버스를 탔다
할머니가 비닐봉지로 덮어씌웠지만
그녀의 화장품 냄새에 들통이 났다
할머니는 멋쩍어 작은 부채로 연신 바람을 일으키신다

할머니 이거 다 파시는 건가요
그때 아저씨 한 분이 물었다
그럼요
군용차도 완행버스도 탱크도 덜컹대던 길이었다
버스가 멈추자 양은 다라는 앞쪽으로 미끄러졌다
재빠른 지렛대 다리의 아저씨
할머니 앞에 다라를 지그시 당겨준다

얼굴 붉어진 할머니
듬성듬성 옥수수 빠진 입을 가리며 웃는다

행운아가 되다

35년 전 나는 그 조그마한 아이를 입양했다
아침마다 양치질해주고 손발도 닦아주며
정성을 다해 보살피니 방실방실 재롱을 떤다
인생은 한바탕 지나가는 벼락인가
아이는 자라 어느새 숙녀가 되었다
그 아이를 볼 때마다
가랑비를 촉촉이 맞으며 걷는 기분이다
숫한 세월의 칼바람이 비수를 찌르듯 그녀가 가끔 시비를 걸었다
어느 때는 그 아이가 환자복을 입기도 했다
때론 그런 아이가 낯설었다
나는 그 긴 머리카락에 물을 흩뿌리며
매일매일 빗질해 주었다
지성이면 감천이라던가
35년을 보살핀 그 아이가 환한 웃음꽃을 피운다

따뜻한 햇볕이 가슴을 후벼 파는 오후
심장은 곤두박질치며 쿵쿵 뛴다
나는 너무 좋아 쏟아지려는 눈물로 대신했다
그 행운목이 행운아인가 내가 행운아인가

분노한 느티나무

해바라기해야 몸을 녹일 수 있는 초겨울이 찾아왔다
날마다 한번은 보고 싶고 그립고 해서
길상사 계시는 할아버지를 찾았다
큰 대문을 잡아당겨 숨을 헐떡거리며
몰아쉬던 자리에 할아버지가 계셨다
맑은 하늘에 날벼락인가
당신에게 시간을 내주지 않는다며
할아버지의 저고리가 분노를 못 참고
동정이 그만 땅으로 떨어졌다
비와 싸우고 바람과 싸우던
할아버지의 서슬이 시퍼런 심장소리가
후두둑거리며 속을 끓이고 있다

삼천사 할머니

북한산 산자락 모퉁이를 돌면
햇살이 스며드는 양지쪽에 할머니가 살고 계셨다
할머니는 동짓날이면 팥죽을 쒀서 등산객에게 대접하시고
도토리묵도 쒀서 동네사람들에게 나눠주셨다

아침이면 소나무 할아버지 무르팍에 걸터앉자 있는 까치는
오가는 사람들에게 인사를 하며
목청을 높이며 노래를 부르고 있다

이 방 저 방 옮겨 다니며 군불지피는
큰스님의 주름진 손가락에 세월이 묻어있으며
무릎은 펴질 줄 모른다

동짓날 삼천사에서 나눠주는 팥죽 한 그릇에
일 년을 액땜한다

단풍나무 여행

아직은 새벽, 밖은 어두컴컴하다
모과나무 감나무가 졸린 눈을 뜨고 배웅하는 날
나는 그녀를 만나러 간다
주전골에 도착하니 아직 푸르른 날이다
조금 걸어내려 가려니
순풍도 쓴풍도 열풍도 매운풍도 모두 어디로 가고
단풍나무 그녀들이 모두들 나를 반긴다
그녀는 목마를 때 비도 흠뻑 맞았다
그녀는 여름엔 태풍과도 싸웠다
그녀는 가을 끄트머리에 걸어둔 황소바람 소리도 들었다

그녀는 인생이 늘 푸르지만은 않다며 소리를 질렀다
드디어 꽃바람이 불어 열매가 열리는 꿈을 꿨다
그녀도 꽃처럼 아름다워질까
그녀는 파란 원피스도
노랑 원피스도 입어 보았다
그리고 이제 빨강 원피스를 입었다

가을바람

빰이 시린 날 정류소로 달려갔다
그녀가 하늘 문을 열어놓아 찬 기운을 토해낸다
나는 그녀를 피해 '춥다 추워'하며
뚝섬에서 강남으로 도망가는 중이다

한강 다리 밑을 지나는데 그녀도 덩달아 눈물을 흘려 보내고 있다
강남역에서 친구들을 만나는데 햇살은 염치없이 졸고 있다
나는 친구들하고 점심을 먹으러 닭한마리 집으로 들어갔다

이랬다 저랬다 간사스런 그녀
까치도 감나무 가지 끝에 걸터앉아 순번을 기다리고 있다
긴 터널을 지나 봄마중 나온 하얀 구름이 눈부시게 그립다

불곡산 홍보대사

3월의 양주 날씨는 제법 쌀쌀하다
양주 사는 우정이 소개로 친구들과 불곡산을 찾았다
산 중턱에 사는 이마가 넓은 바위 아저씨가
우리를 반갑게 맞이하였다
잠시 인사를 하고 또 한 사람 친구를 소개받고
미팅을 위해 산을 올랐다
가파른 계단을 몹시 궁금해하며 올랐다

그때 정한이가 우리 컵라면 먹고 가면 어떨까
태숙이가 역시 정한이다, 맞장구쳤다
진달래 솔양 오리궁둥이 그녀들도 먹고 싶어
눈만 껌뻑껌뻑 굴리고 있다
우리는 미안한 마음에 컵라면에 김치를 넣어
게 눈 감추듯 먹어 치워버렸다
야야야 저기 봐 오늘 소개팅 저 친구 맞지 맞아
이번엔 재숙이가 소리를 질렀다
그는 그 넓은 산이 닳을 정도로 깔끔하게 청소를 지시
한다
등산객들의 사랑을 한몸에 받은 펭귄바위
불곡산 지킴이 홍보대사를 천직으로 일하고 있다

명성산 억새축제

강원도 철원군 갈말읍과 경기도 포천시 이동면의 경계에
우뚝 솟아 똬리를 튼 울음산이 있다
나는 허공을 맴돌던 바람이 전해주는 초대장을 받아들고
꿈인 듯 한참을 멍하니 바라보고 있었다
초대장에는 억새 할머니 할아버지들의 기로연(耆老宴)을
한 달 동안 펼친다고 쓰여 있었다

억새 노인들의 장조카 고로쇠나무 아저씨는
곧은 길 버리고 휘어진 산길을 치장하며 잔치준비에
바빴고
오리나무 아주머니는 떡시루를 이고 가는 지
엉덩이를 흔들며 산을 오르고 있었다
길옆 산비탈 쓰러질 것 같은 허리 휜 소나무 할아버지도
잔칫집을 향해 올라가시다 잠시 앉아 쉬는 중이다
기로연에 오신 억새 노인들의 은빛 머리와
모시 적삼의 자태가 너무나 곱다
억새 노인들 앞에 드디어
궁예 왕이 철마를 타고 나타나셨다
풍악을 울려라
누구든 환영하고 한 달 동안 잔치를 벌이겠다

왕건에게 쫓겨 간 궁예 왕이 억울해
울음을 터뜨렸다는 울음산에는
지금 웃음꽃이 만발했다

탈색된 머릿결

초겨울 김장철을 알리는 입동이다
봄에 우리 집 텃밭에는 자기주장이 강한
어린 학생들이 유학왔다
어느덧 아이들은 멋을 부리기 시작했다
가지는 미인을 강조하며 보라색으로 염색했다
호박도 자기 얼굴이 동안이라며 노랑머리를 했다
넝쿨강낭콩도 도대체 청개구리 말 안 듣고 삼색으로 염색했다
그녀들은 비가 와도 머리를잘랐다
바람 불어도 머리를 잘랐다
태풍이 불어도머리를 잘랐다
그런 그녀들은 서리가 온다고 해도 콧방귀만 꼈다
늦가을에 마음껏 멋을 부리다 된서리를 맞았다
그녀들의 된서리를 맞고 머리가 순식간에 탈색되어
맥없이 주저앉아 버렸다
머리 색이 전부 회색으로 변해버린
그녀들을 보니 가슴이 너무 아프다

서리

아침에 일어나 무심코 텃밭을 쳐다보았다
텃밭에는 호박 가지 고추가
술을 마시러 가려던 참이었다
세상에나, 나는 고추가
낮술 마시는 것을 나는 처음 보았다

나는 늦가을을 확인하러 오대산 소금강으로 달려갔다
그곳에 가 보니 참나무 풍나무 다래넝쿨도
소주를 마시고 있었다
그 옆에 쑥부쟁이 국화 원추리도 술이 취했는지
맥없이 고개를 떨구고 있었다

집에 돌아와 보니 식탁에는
낮술 마신 고추가 나를 흘겨보고 있었다

패장의 뒷모습

긴 겨울을 견뎌냈다는 안도감에 왕방산 무럭고개를 넘었다
고갯길엔 소 서방 참 서방 밤 서방이 살고 있었다
하늘은 시야가 멀리 닿을수록 희뿌옜다
바람이 잠시 늦잠을 자는 동안
깐죽거리는 흰 눈은 참 서방 집을 하얀 솜이불로 덮었다

참 서방네 식구들은 이불을 걷어내느라 비지땀을 흘렸다
얼굴은 바람에게 시달려 온몸이 딱딱한 각질 굳은살로 변했다
바람이 불면 어김없이 건조함이 찾아와 피부 살이 트기 시작했다
두툼한 얼굴이 하얗게 트기도 하고 빨갛게 트기도 한다
그렇게 서슬이 퍼렇던 동장군도 패장이 되어
생명력 품은 계절을 이기지 못한다
흰 눈이 채 녹지 않은 산기슭에도 도토리의 얼굴은
어린아이처럼 다 터질 것이다

내 고향 영평천

비가 오던 그 길을 우비를 입고 건너던
꿈에서 그리던 그 다리
은빛 모래 눈 익어 내 품에 들어오라
손짓하는 그 다리
금수정도 손짓하는 고향으로 달려가자
뛰어 뛰어서 달려가자
눈이 오면 발자국을 친구 삼아 건던 그 다리
운동화 속에 가득 찬 모래알도
신나서 건너던 그 다리 달려가자
내 고향 영평으로 달려가자

과줄 단상

닷새만 있으면 고유의 명절 설날이다
명절이면 어머니는 늘 과줄을 만드셨다

나도 옛 추억을 더듬으며
호박씨 흑임자 계란 등을 밀가루와 반죽해 과줄을 만든다
냉장고에 숙성시켰던 반죽을 꺼내 홍두깨로 밀고
납작납작하게 자른 반죽을 달궈진 프라이팬에 넣는다
돛 없는 배들이 콩기름호수에 떠다닌다
고소한 냄새가 모두의 코를 벌렁거리게 한다
그때 동생 미화와 연선이가
언니 이거야 어머니를 닮은 참 맛이야, 소리를 지른다
나도 엄마표 과줄 좀 싸주세요
큰아들이 말하자 며느리가 웃었다

옛날 세배 다닐 때 어른들에게
오래오래 사셔야죠, 하면
오래 살아서 뭘해, 하다가도
올해는 과줄 좀 주셔야죠, 하면

이런 미친놈, 하며 주먹을 얼러메던 생각이 난다

방에 매달린 거울 속에
희끗한 중년의 어머니가 웃고 있다

달라진 김장 풍경

입동 지나자 배추 30포기를 사다 칼집을 넣어
큰 고무통 두 통에 절여놓았다
무 15개를 채치고 울면서 쪽파를 썰어 갓과 함께
서해바다 생새우 빨강머리 새우젓 남해바다 멸치액젓을 섞어
김장 속을 만들었다

엄마는 생전에 150포기씩 배추를 절구고
쇠고 기사서 배춧국도 끓였다
항상 양은솥에 보쌈 고기를 삶아
배추에 싸서 눈을 부릅뜨며 막걸리와 드셨다

나는 며느리랑 둘이서 보쌈 막걸리 대신
피자와 콜라를 먹으며 피자 당번이 되었다
이 통 저 통에 김장을 나눠놓고
입었던 옷을 벗으며 김장이 끝났다

막걸리 보쌈을 먹으며 왁자지껄하던
그 시절의 엄마가 그립다
내년에는 꼭 보쌈을 삶아 막걸리 한 잔 해야지

싸움 구경

내리쬐는 뙤약볕이 무서워
자주 오르내리던 용마산엘 한 달 남짓을 못 갔다
8월이 되어 점점 선선해진 것을 알고
다시 용마산에 오른다
정각사의 절 뒤에 나지막한 길을 걷는데
갑자기 두더지 부부가 멱살잡이하며 싸운다

거친 숨을 쉬며 부둥켜안고 뒹굴고
양보할 마음은 전혀 없다
나는 남편은 방으로 밀고
부인은 부엌으로 등을 떠밀었다
그래도 두더지 부부는 분을 떨치지 못해
부르르 땅이 떨렸다

타임머신을 타다

타임머신을 타고 경복궁 인왕산 성곽을 돌며
청운동 고갯길로 내려왔다
초록의 싱그러움이 주는
풍성함을 느끼는 시찰이었다
초가을 날씨도 맑고
효자동 삼청동 계동 미세먼지도 없는 날씨다
청와대 사랑채에서 무궁화꽃의 영접을 받으며
여성 대통령도 돼 보았다
코로나19도 지시하고 그럴듯한 작품사진도 찍어
제법 여성 대통령의 모양새를 갖추어 가는 듯했다
돌아갈 시간이 다가와 경복궁 돌담길 따라
타임머신에서 내렸다

돌아온 연어

20대의 나는 성어가 되어
큰물로 나아갔다
내 지느러미로 중심 잡으며
서울을 마구 뒤흔들어 어지럽게 휘젓고 다녔다
나는 그리움만 땀방울로 남기고
도시로 도시로 나아갔다

나는 어느덧 지느러미에 서리가 내리면서
마음에 여유가 생겼다
굽이굽이 강 언덕 너럭바위 돌에 부딪히며
바로 앞 수로에 부딪혀서 강이 보였다
나는 다시 지느러미를 움직이며 넓은
마음이 가는 곳을 정했다
나는 성체 연어가 되어
모천 포천으로 돌아왔다

흔들리는 오두막집

용마산 숲속 작은 길엔
찬바람만 길을 못 찾고 윙윙 울고 있다
겨우내 콩새 아버지가 보이지 않아
몹시 궁금하였다
알고 보니 문화대학에서
대목 소목 건축목공 자격증을
취득했다는 소식이 들렸다
키 작은 콩새 아버지는 남의 손을 빌리지 않고
새벽잠을 설치며 도면을 그렸다
차가운 바람에도 따뜻한 아랫목을 생각하며
이끼 풀을 단열재료 사용하였다
붉은 벽돌을 쌓을까 회색 벽돌을 쌓을까
고민 끝에 짙고 선명한 녹색 벽돌을 쌓았다
벽에는 무슨 그림을 그릴까
찔레꽃 개나리 제비꽃 고민하다
아이들이 좋아 하는 조팝꽃을 그려놓았다
드디어 콩새 아버지의 평생 결심에 따른
녹색의 공중 집이 준공되었다
흔들리는 집에서 나는 아이들의 웃음소리가
하늘을 파랗게 그리고 용마산 푸른 숲을 키울 것이다

4부.
감나무의 이력서

식욕 왕성한 그녀

진눈깨비가 거리를 축축이 적셔놓은 날 다이소를 찾았다
나는 거기서 빨강 노랑 초록 모자를 쓴 볼펜을 만났다

그녀들은 이구동성으로 호들갑 떨며 나를 반겼다
나는 반가워 그녀들을 데리고 칼국수 집으로 우르르 들어가 순번을 기다렸다
나는 그녀를 시켜 주문을 받으라 했다
조그만 낙지가 들어있는 칼국수가 20분 만에 나왔다
앞치마를 입고 또 언제 먹어볼 수 있을까 하며 남김없이 다 먹었다
우리 일행은 동네 호수 앞 카페로 줄지어 들어갔다
그곳에서도 그녀가 케이크 커피 레몬 쥬스로 주문했다
그녀들은 흑임자 같은 입으로 세트로 먹으려 달려 들었다

나는 그녀들을 잘 달래서 집으로 데리고 왔다
나는 그녀들의 머리를 꾹꾹 쥐어박으며 시를 쓰느라 자정을 넘긴다

정년퇴직이 없다

그가 있는 서쪽 하늘이 잿빛으로 변해 인천행 전철을 탔다
먹구름은 항상 그가 있는 곳을 자주 들르곤 한다
월미도에 도착하니 그는 처음에 사준 빨강 방수복을 지금까지 입고 있었다
햇빛에 바랜 부옇고 변색된 모자를 아까워 여전히 쓰고 있었다
그때 난 그에게 희끄무레하고 구멍 난 모자는 제발 쓰지 말라 했다
멋진 옷 사줄 테니 짠물에서 나와 인생을 바꾸라 했다

그는 갯벌이 나를 붙잡고 칠게가 나를 붙잡고
짱뚱어가 뽈뽈거리며 나를 잡아 못 나간다 했다
그는 바람이 짠물을 방해해도 춤추듯 길을 가르쳐 줘야 한다
큰 배도 갈매기도 그에게 길을 묻는다
깊은 바다에 사는 거북 엄마도 눈을 바깥으로 내밀며 그에게 길을 묻는다
등대는 정년퇴직이 없다

잊혀져 가는 삼신할머니

배추김치 깍두기 파김치를 차에 실고
미끄러지듯 주문진 아들집에 도착했다
주문진 해변가 소돌아들바위공원에는
목욕재계를 하는 아들바위가 있다
비가 오나 눈이 오나 바람이 부나
아들을 바라던 어머니들의 소원처다

우리 어머니가 동생을 가졌을 때
지나가던 무속인이 대문을 열고 들어왔다
어머니한태 여러 개의 깃발을 내밀며
아무거나 뽑으라고 했다
또 할머니의 눈을 가리고 나무더미 앞으로가
아무거나 뽑아보세요 했다
할머니 손에 잡힌 소나무는
방울이 다닥다닥 붙은 소나무였다
어머니는 빨강 깃발을 뽑았다
할머니와 며느님은 아들 손주를 보실 거예요
어머니는 정말로 아들을 낳으셨다

그래서 나는 터를 팔아서 남동생을 보았다
나도 손주 볼 욕심에 생수병을 놓으며 아멘 했다

혼주가 되는 날

사방이 아름다운 기쁨의 11월 맞이한다
나는 어깨 팔다리에 힘이 빵빵 넘친다
아들 결혼식을 앞두고
내 영혼은 뜀박질하듯이 행복하다

드디어 저녁 잠자리에 들 시간이다
내 눈꺼풀이 덮고 잘 생각을 잃어버렸다
내 가슴에는 촉촉이 비가 내렸다
나는 며느리를 맞이하는 것보다
돌아가신 친정어머니 생각에
혹시 꿈속 편지가 왔으면 간절했다

우리 엄마도 이런 기분이었겠구나
가슴이 울컥했다
혼주가 되어보니 이제야 어머니 마음을 알게 돼
죄송한 마음이 든다
아침이 밝아올 때
나도 아들을 위해 간절히 기도했다

어머니는 분통 터지는 세월에 분홍 저고리를 입었지만
나는 잡귀야 물렀거라
서슬이 시퍼렇다는 파란 저고리를 입었다

어떤 육아일기

포천으로 이사 온 우리는 텃밭에 농작물을 심기로 했다
남편하고 태봉 병원으로 달려갔다
병원에 도착하니 탯줄이 잘린 신생아들이
내 앞에서 바들바들 떨고 있다
나는 아이들을 룰루랄라 집으로 데려왔다
남편은 매일매일 젖병에 물을 넣어 지극 정성을 다해 키웠다
아이들이 커가는 모습을 보며 남편은
아이들 손잡아 주라고 바지랑대를 보냈다
아이들 얼굴 사이로 솜털 같은 구름이 산등성이에 걸려 있다
하얀 구름 사이로 파란 하늘 때문에 아이들 얼굴이 말갛다
땡볕 더위와 싸워 어느덧 어른이 된 토마토는
우리 부부에게 황금을 선사했다

감나무의 이력서

영산강 들녘, 멀리 만봉리 동네가 보인다
겨우내 잠들었던 대추나무 배나무 감나무
새싹을 틔우자 들녘은 하루가 다르게 짙어간다
그들은 숟가락 빗방울 땀방울 부딪칠 때
재빠른 손놀림으로 성장한다

어린 묘목 아이들을 보니 기특하고
한편으로는 미안한 생각이 든다
어느덧 어른이 되어 더위도 한풀 꺾이고
추석을 맞이하여 배 대추들은 귀농을 한다
감, 그녀는 떡집아르바이트 찻집아르바이트 수정과아르바이트를 했지만
그녀에겐 그림이 적성에 맞는다
그녀는 친구들과 거리를 뒀지만, 돌풍이 몰아치고 있다

그녀의 오랜 세월 도사견을 그리는 화가의 꿈이 있었다
그녀는 서울로 상경하여 세월이 무색할 만큼
58년 개띠 친구의 모습을 그려 선물로 주었다

한 잔 술에 취하다

5월 셋째 주 주말
배낭에 사과 배 술 잔뜩 담아 부모님 산소에 갔다
할아버지 할머니 아버지와 어머니께 잔을 올렸다
그때 참나무 두릅나무 풍나무가
우리도 한 잔 달라고 아우성이다
그래서 한 잔씩 따라주었다
드디어 서서히 아버지랑 맞짱을 떴다
취기가 오르기 시작했다
두릅은 입술주위가 빨갛게 변하고
간지럽고 따갑다고 했다
참나무는 슬슬 취기가 오르기 시작해
가만히 짓누르고 있다
풍 나무는 쌍떡잎 얼굴 목 다리
울긋불긋 두드러기가 났다
그래서 이번엔 한 순배 쉬라 했다
후덥지근한 바람이 불었다

역시 우리 아버지는 승부에 강하시다

달리는 농협직원

그는 조선시대 백마 어승마나 어마를 키워 대궐로 보내고 죽었다
그런데 그는 포천 가산면 금현리 궁말서 다시 태어나 농협에서 일하고 있다
그는 어린 시절 누비고 다녔던
은백색 삘기 꽃이 만발한 드넓은 들판을 무법자처럼 달린다
그는 품삯으로 쌀 콩 팥 카드도 싫어한다
그는 현찰 천 원을 받고 룰룰랄랄 달린다
그가 지나가면 포도와 복숭아들도 무자비하게 손을 흔들어 준다
나는 궁말 사는 영남 언니를 만나러 가려고 그한테 천 원을 주었다
나는 하루 네 번 오가는 마을버스
그는 내게 힘찬 에너지와 알찬 재미를 선사하는 어승마다

보청기는 메아리 소리

언제부턴가 아버지께서 부쩍 말수가 적으시고
부르면 별 반응이 없으셨다
밖에서 아주 조그마한 소리에도 엄청 예민하게 반응을 하셨다
아이들이 소곤거리는 소리에도
너무 신경 쓰인다고 조용히 해달라고 소리치시던 아버지였다

전화를 받으시면 큰소리로
여보세요 잘 안들려요, 말씀하셨다
아버지가 아무리 큰소리로 텔레비전을 보셔도
어머니는 항상 아버지 귀에 바싹대고 말씀하셨다
그러던 어느 날 어머니께서 춘식이 아버지 여보 여보 여보
기차 화통을 삶아 먹은 소리로 부르셨다
그야말로 옆에서 듣는 사람은 누가 뭐래도 기차 화통을 삶아 먹은 소리였다

근처 유치원 옆 안경점을 지나다
아버지에게 보청기를 권유했던 생각에
가슴이 북받치어 갑자기 뭉클해진다

깨돌이 호위무사

추억을 떠올리는 보름 명절 아침이다
아침 일찍 밤 땅콩 호두 부럼을 깨어 검은 비닐봉지에 넣는다
저녁에 풍년과 무사태평을 기원하는 오곡밥도 먹는다

어릴 적 아버지께서 논두렁 밭두렁에 쥐불 놓던 추억이 떠오른다
보름달이 밝게 뜬 상공을 보며 아버지께서
'올여름 우리 춘식이 더위 팔고 귀도 밝고
건강을 기원합니다
춘식아 보름달이 안내했다
얼른 절을 해봐' 하셨다
그리고 못생긴 호두목걸이를 만들어주시며
내 목을 지키게 하셨다

보름날 못생긴 호두를 보니
아버지가 만들어주신 호두목걸이 추억이 떠올라 울컥한다

김삿갓과 어린 도령

영월 김삿갓 마을을 가기 위해 길을 가다
망태 스님을 만났다
스님 지금 어디를 가십니까
영월을 가신다며 모자를 쓰고 집을 나섰다
스님 저도 영월 김삿갓 계곡에서 시화전
행사가 있어 참석차 갑니다
옛날엔 보름 내지 한 달이 걸리던 영월길이
지금은 3시간이면 도착할 수 있다
김삿갓 계곡에 들어서니 동료들의 시와 내 시가
시화로 걸려 나부끼고 있었다
김삿갓은 삿갓을 쓴 채 내 시화를 읽고 있었고
시인이 되고픈 어린 도령이 며칠째 밤을 새워가며
내 시를 감상하고 있었다

단발머리의 추억

초등학교 시절에는 중학교에 가야만 미용실에서 머리를 자를 수 있었다

도덕 시간에 선생님께서 월요일에는 신체검사가 있으니
용모를 단정히 하고 오라 하셨다
나와 진희는 이발소에 가서 머리를 짧게 자르기로 했다
학교에서 쏜살같이 달려간 순자는 아버지에게 부탁했다
그게 뭐 어렵니 얼른 머리에 물 바르고
고장 난 비닐우산 떼어 뒤집어쓰고 앉자 있어라, 하셨다
순자는 댓돌에 똥 묻은 강아지처럼 앉아 있었다
아버지는 순자 머리에 플라스틱 바가지를 엎어놓고
눈썹 위로 나온 머리를 싹둑싹둑 잘랐다
물기가 마르는 순간 순자는 동화책 속에 나오는 고슴도치가 되어버렸다
거울을 보는 순간 머리카락 눈물범벅이 되어 또 울고 울었다
순자의 머리 위에 또 하나의 바가지가 엎어져 있었다
다음날 순자는 보자기를 쓰고 학교에 갔다

미용실에서 파마를 하고 비닐 모자를 쓴 나 자신이
어릴 적 꼬마 순자가 된 듯한 생각이 난다

들썩이는 보령

해양머드박람회 열풍에 덩달아 참가했다
대천의 하늘과 바다는 서로 얼굴이 맞닿은 것 같다
내 마음은 애드벌룬같이 뭉실뭉실 떠 있다
뽀얀 얼굴에 모래알처럼 점박이 친구도 있다
추워서 파랗게 사뭇 다른 얼굴에
머드를 바른 친구도 있다
밤이 돼 숯덩이처럼 까맣게 그을린 친구도 있다
파도는 하얀 치아를 드러내 연실 웃으며
나를 따라 뛰었다
그래 얘들아 그만 조잘조잘하고
이제 축제장으로 뛰면 된다
지금 대천해수욕장은 누가 이기나
달리기 경주 중이다

집들이를 가다

6월의 녹색이 짙을수록 여름 햇볕은 강렬하다
종로 청기와 뒤켠에 사시는 할아버지께서
모든 번뇌를 끊고 깨달음에 사람들을 가까이하지 않으셨다
오랜 세월 지나 오늘 집들이를 하신다고 연락을 하셨다
할아버지께서 원래 경주에 사셨다
남산에도 조금 사시고 지금 청기와 집이
세 번째 이사 오신 집이다
친구들하고 반나절 동안 발 빠르게 청기와 집을 누볐다
넓은 정원에 노송 할아버지 참나무 할아버지 느티나무 할아버지는
손님 맞는 북새통에 앉아 있을 시간이 없다
석조여래좌상 할아버지의 자비로운 얼굴
오른쪽 어깨를 드러내며 어깨에 저고리를 걸쳐 입으셨다
왼손을 무릎 위에 얹고 오른손 손가락으로
땅을 가리키며 조심하라고 하셨다
오늘이 할아버지께서 국가지정문화재(보물)로 승격되신 날이다

* 2018년 4월 20일 청와대 내 석조여래좌상은 국가지정문화재(보물)로 승격되었다.

다시 소녀가 되다

우리 여행을 방해하는 비가 아침부터 내렸다
우리 일행은 대천해수욕장 옆에 숙소에 짐을 풀었다
억수로 퍼붓던 비가 다행히도 멎어
해수욕장 모래사장을 산책하고
저녁도 먹고 깔깔대며 숙소로 들어왔다
넓은 방 안에는 침대가 딱 하나가 있었다
그때 정한이가 우리 침대서 자는 것과
설거지 당번을 정하자며
가위바위보 어때, 라고 소리쳤다
우리 모두는 박수를 쳤다
그래 모두 꽉 쥔 손을 폈다
이게 무슨 집안일도 아니고
다 주먹을 내고 정한이만 가위를 냈다
캬 하하하 으악 아아아 아이고 내 배야
태숙은 침대에서 뒹굴고 재숙은 바닥에서 뒹굴고
정한이는 져서 방을 돌며 소리를 질렀다
그날 나는 가위바위보에 이겨서 손에 물을 묻히지 않았다
우리는 어느새 동심으로 돌아가
가위바위보를 하느라 펑펑 구슬땀을 흘렸다
그때 우리는 모두 열세 살 소녀였다

어머니의 버선발

아침 일찍부터 준비하여
송편을 빚으러 퇴촌마을로 갔다

밤새 보라색 노랑색 흰색 신을
지어 신느라 무척 분주해보였다
나도 주변을 살피며 서서히
주방으로 들어갔다
역시 그녀들은 보라 노랑 흰색 버선발로
뛰어나와 나를 맞이하였다
하나같이 맵시 있는 버선발의 그녀들을
집으로 데리고 왔다
현관에 들어서자 온 식구들이
와와와 하며 반갑게 맞이했다

무명 광목으로 버선을 만들어
발에 꿰어 신던 어머니의 발이 생각났다

손맛의 변천사

짙은 안개 낀 아침은 분주하다
방안의 아이들 빨래가 널려있고
부엌에선 비몽사몽
파 호박 두부를 썰다 살을 베어
붉은 해는 중천이다
출근 준비하는 남편의 식탁에
밥 한 그릇 국 한 그릇
식기 전에 서둘러 집을 나선다
둘째 아들 방안은 수 많은 책들과 가방이
숲속처럼 옹달샘처럼 용솟음치고 있다
점심때 시어머니가 된장찌개를 끓이라 했다
팽이버섯을 넣을까
송이도 넣을까
에라 고추장도 넣었다
흙바닥 부뚜막은 오간 데 없지만
찬장 속에 숨어 있는 냄비
손에 이끌려 청춘 손맛을 끓이고 있다

〈디카시〉

가위 손

약이 바싹 오른 그녀가
태숙이 재숙이랑 나를 찾았다
나는 왜, 하고 물었다
설거지하기 가위바위보를 하자고 했다
우리 셋은 모두 보자기를 냈다

송사리가 먹은 쑥버무리

담장을 돌아앉아 노란창포꽃 감자꽃이
흐드러지게 피는 5월이다
앞집 재숙이가 호박 말랭이 검정콩을 넣어 만든
쑥버무리 떡을 가져왔다
떡을 보는 순간 여덟 살 무렵이 생각났다

어머니는 쑥버무리를 그릇에 담아주면서
큰 고모집에 갖다 드려라 하셨다
네, 하면서 돌다리를 건넜다
다리가 짧은 나는 그만 물에 빠졌다
진희가 우리 집으로 달려가
아줌마, 춘식이가 물에 떠내려가요 소리를 질렀다
어머니는 단숨에 달려오셨다
어머니는 나와 뱅뱅그릇을 건져놓았다

뱅뱅그릇 속에는 송사리 한 마리가
천연덕스레 떡을 먹고 있었다
엄마 손에 끌려 나온 나는 바들바들 떨며

떡 안 먹어 떡 안 먹어, 하며
울음을 터뜨렸던 생각이 난다

소나무의 겨울나기

이번 크리스마스에는 눈이 올까요
화이트데이를 외치며 날밤 샜던 12월이다
은평구 녹번역 4번 출구 옆
카페에 들어서는 순간 시선을 붙잡았다
구청 앞 노송 할아버지는 녹색 내의를
할머니는 빨강 내의를 입으셨다
손에는 손전등도 들고 계셨다
그리고 환경미화원들도
주황색 내의를 손에 받아들었다
첫 월급 타는 날 나는
내의를 사서 어머니 머리 맡에 놓았다
이게 뭐냐 하시며 어머니는
조용히 일어나서 선물을 뜯어봤다
어머니는 혼잣말로 고맙다 속삭이셨고
나도 모르게 양 볼에 주르륵 눈물이 흘렀다

작품해설

스승이자 친구로서의 자연 그 에콜로지 시학

- 김 순 진(문학평론가 · 한국문인협회 이사)

작품해설

스승이자 친구로서의 자연, 그 에콜로지 시학

김 순 진

정춘식 시인이 등단 4년 만에 두 번째 시집을 내신다. 첫 번째 시집 『왕방산 치과의사』를 출간한 지 3년 만이다. 정춘식 시인은 자연인이다. 이 시에는 왕방산을 포함하여 용마산, 해룡산, 북한산, 설악산, 불곡산, 명성산 등 그녀가 살고 있는 주변의 산들과 산행한 산들이 많이 나오는데, 그녀가 시인이 된 이후 그녀의 관심사는 온통 자연에 집중되어 있다. 그래서 그녀의 시 대부분은 자연을 소재로 한다. 정춘식 시인은 자서에서 " 『왕방산 치과의사』에 이은 『왕방산 미용실』 / 여러분을 저의 두 번째 시 매장으로 초대합니다"라고 밝히고 있다. 그만큼 자연은 무궁무진한 시인의 상점이 될 수 있음을 정춘식 시인은 알고 있는 것이다.

그렇다고 그녀가 자연주의자, 즉 그린피스나 환경보호 단체에서 활동을 하고 있는 것은 아니다. 다만 시인으로

서 자연을 보다 효과적으로 관찰하고 표현해내는 일에 집중하고 있다. 그런 집중연상은 자연에 대한 감탄과 순응을 이끌고, 자연을 스승으로 여기며 때론 친구로 삼는 여러 가지 부수적 효과를 가져온다.

요즘 어떤 TV에서 '나는 자연인이다'란 프로그램이 인기리에 방송되고 있어 자연인이란 말이 산속에 혼자 사는 사람을 뜻하는 줄로 알고 있는 사람이 많지만, 자연 속에서, 자연을 벗하며, 자연과 함께 살아가는 사람은 모두 자연인이라 할 수 있다. 그리고 자연인이란 말은 원래 사회나 문화에 구속받지 않고 그대로의 사람을 말한다. 법률적인 의미로서의 자연인이란, 인간은 출생에서부터 사망에 이르기까지 완전한 권리와 능력을 평등하게 인정받는데, 이를 자연인이라 보는 것이다. 말하자면 자연인의 권리와 능력은 출생과 동시에 생겨나서 죽음을 통해 소멸된다. 그러므로 자연인인 우리 한 사람 한 사람은 스스로의 능력을 계발할 자유와 그렇게 영위할 자유와 그런 환경으로부터 구속받지 않을 자유까지 내포한다. 그것을 자연인이라 하는 것이니, 자연에만 의지해 사는 사람을 자연인이라 말하는 것에는 어폐가 있다.

자연이란 말을 가만히 생각해보면 그 안에는 자생력이란 말이 숨겨져 있다. 한자 자연을 풀이해보자. 자(스스로 자, 自), 연(그럴 연, 然). '스스로 그러하다.'라는 말은 모든 것을 스스로 해결한다는 뜻을 포함한다. 그리고 그 안에는 '죽음'이란 말도 포함되어 있다. 자연에서의 죽음은 단순히 죽음만을 뜻하는 것이 아니다. 자연에서의 죽음은 다른 생물체에게 새로운 생명을 제공한다. 이를테면 나무가 죽으면 단순히 죽은 것으로 끝나는 것이 아니라 썩어가는 과정 속에서 개미나 굼벵이, 매미의 유충 등 또 다른 곤충들에게 집을 제공한다. 그리고 완전히 썩은 나무는 또다시 다른 나무에게 양분을 제공해 새로운 탄생을 돕는다. 그런 것처럼 정춘식 시인의 자연도 인간에게 여러 가지 추억의 집을 제공하면서 마음의 양분까지 공급해 인간의 정신적 삶을 풍요롭게 해준다.

그럼 이쯤에서 정춘식 시인의 시 몇 수를 읽어보면서 그녀의 마음세계를 여행해보자.

1. 관찰심상법을 통한 시창작

어린 시절 천방지축 이리저리 뛰노는 나를
사람들이 엄청나게 깔보았다
매일같이 친구와 모여 있는 자리에도
바짓단엔 늘 흙이 껌딱지처럼 붙어 있었다
마당질하는 가을날이면 바지 끝자락은
흙이 범벅이 되어 있었다
건넌방 부엌 옆에 있는 툇마루에 걸쳐 앉아 졸다
땅으로 떨어진 적이 한두 번이 아니다
그러던 어느 날 사춘기가 지나 스무 살이 된 나에게
그녀가 미소를 지으며 친구 맺자고 찾아왔다

나는 레이스만 너무 많이 붙이고
정강이가 짧은 바지는 싫었다
라일락, 그녀는 작은 키에 향수를 너무
많이 뿌려서 싫었다
목련꽃 그녀는 내 키를 잘 알고
복숭아뼈가 보이게 입으라고 했다
나에겐 키 큰 친구 키 작은 친구 다 있지만
나를 깔끔하게 만들어준 넝쿨 째 굴러온 그녀는
칠부바지를 즐겨 입던 벚꽃 친구다

– 「칠부바지 그녀」 전문

칠부바지는 근대화를 겪은 이후 우리의 삶이 윤택해진 이후에 나온 바지다. 옛날에 우리가 자랄 적엔 칠부바지란 말보다는 형이나 언니의 옷을 물려 입어서 저절로 바짓단이 치켜 올라가 깡둥한 바지를 입고 자라야 했다. 이 시에서 다른 시인과 특별히 다른 추억을 써낸 부분이 있다. 그것은 "마당질하는 가을날이면 바지 끝자락은 / 흙이 범벅이 되어 있었다"란 두 행의 표현이다. 마당질이 무엇일까? 빗자루로 마당을 쓰는 날일까? 아니다. 마당에서 곡식을 떨어내던 날이다. '마당질'과 '마당에 질을 들이다'는 다른 뜻이다. 마당질이란 '마당을 쓰다'의 뜻이 있고 '마당에 질을 들이다'는 '마당에 진흙을 입히다'의 뜻이 있다. 옛날에 농업이 주된 삶의 방식이던 시절에는 집집마다 개인적으로 마당을 가지고 있었다. '마당에 질을 들이던 날'이란 마당에 진흙을 들인다는 펴다 깔고

물을 부어 2, 3일 말리면 마당이 꾸덕꾸덕해지고 그 위에 왕겨를 깐 뒤 절구통을 굴리거나 평평한 나무로 두드리고, 발로 밟는 등 마당을 밟는 일정한 시간이 지나면 마당은 아스팔트처럼 단단해진다. 그 위에서 발로 밟는 탈곡기를 놓고 벼를 떨거나, 참깨, 들깨, 콩, 팥, 동부 등의 곡식을 도리깨나 막대기로 두드리며 곡식을 떨게 되는데, 이를 마당질이라 하는 것이다. 그런 과정 속에서 사람들의 바짓단은 늘 흙꾸러기가 되기 일쑤였고, 그런 이유로 정강이 짧은 바지를 싫어했는데, 벚꽃나무는 전강이가 조금 더 긴 모습으로 자기에게 다가왔기에 칠부바지를 입은 사람처럼 느껴졌던 것이다. 목련꽃과 라일락보다도 벚꽃을 좋아하게 된 것을 칠부바지를 입은 사람으로 형상화한 정춘식 시인만 독창적 표현에 대하여 평가한다.

6월이 되자 남풍이 불었다
치과를 차려 재미를 보았던 그가
이번에는 미용실을 차리자마자
손님들이 문전성시를 이루었다

밤나무 상수리나무 소나무
파마를 하기 위해 차례로 순번을 기다리고 있다
흑인도 아닌 밤나무가 곱슬머리 폼을 낸다
상수리는 짧은 뽀글이파마를 볼륨 있게 한다
솔양은 찰랑이는 머릿결에 고급진 매직파마를 한다
마이클잭슨 스타일과 똑같나요

밤나무는 자랑질이다
그들의 머리에서는 녹색 향기가 솟아날 것이다

남풍 불어오는 왕방산은 파마 향기로 그윽하다

－「왕방산 미용실」 전문

정춘식 시인의 첫 번째 시집은 「왕방산 치과의사」였다. 그 시집의 이름은 왕방산 치과의사라는 시에서 선한 것인데, 그 시는 왕방산에 사는 딱따구리를 보고 지은 시다. 그때 나는 작품해설에서 보통의 시인들이 딱따구리를 보면 대장장이나 목수 등을 떠올리는데, 정춘식 시인은 치과의사를 떠올렸다며 그녀의 시적 상상력에 감탄한 바 있다. 그런데, 이번에 출간하는 시집 『왕방산 미용실』 역시 그러한 시적 상상력에 의한 시집이다. 봄이 되면 왕방산은 머리를 하러 오는 손님들로 넘쳐난다. 우선 밤나무는 노란 생머리 파마를 주문한다. "흑인도 아닌 밤나무가 곱슬머리 폼을 낸다" 그렇게 느낀 사람이 나뿐인지는 몰라도 밤꽃향은 거의 파마 향과 흡사하다. 그리고 상수리나무도 노랗고 긴 줄기의 꽃을 피우는데, 마치 파마를 한 것 같다. 그래서 정 시인은 "상수리는 짧은 뽀글이 파마를 볼륨 있게 한다"고 말한다. 소나무는 긴 송홧대를 솟구쳐 올리고 그 외에 송화를 붙여 머리를 치장하며 송화향으로 향수를 뿌리기도 한다. 자연 관찰을 업으로 사는 정춘식 시인이 이를 놓칠 리 없다.

그래서 그녀는 “솔양은 찰랑이는 머릿결에 고급진 매직 파마를 한다”고 말한다. 대단한 관찰력이다. 흔히 천재는 1%의 영감과 99%의 노력으로 이루어진다고 한다. 시인도 그렇다. 사람들은 흔히 감수성이 많은 사람들을 두고 ‘너 시인 같아.’라고 말하지만, 감수성이란 시인이 가져야 할 덕목에 1%일 뿐, 관찰력, 상상력, 언어 조탁 능력 등 수많은 시적 수업을 거쳐야 훌륭한 시인으로 거듭나는 것이다. 그런 점에서 중단 없이 시창작수업에 참여하며 노력하고 있는 정춘식 시인은 문단에 한 획을 긋는 시인으로 성장할 수 있으리라 기대한다.

2. 상상심상법을 통한 시창작

용마산 숲속 작은 집엔
찬바람만 길을 못 찾고 윙윙 울고 있다
겨우내 콩새 아버지가 보이지 않아
몹시 궁금하였다
알고 보니 문화대학에서
대목 소목 건축목공 자격증을
취득했다는 소식이 들였다
키 작은 콩새 아버지는 남의 손을 빌리지 않고
새벽잠을 설치며 도면을 그렸다
차가운 바람에도 따뜻한 아랫목을 생각하며
이끼 풀을 단열재료 사용하였다
붉은 벽돌을 쌓을까 회색 벽돌을 쌓을까
고민 끝에 짙고 선명한 녹색 벽돌을 쌓았다

벽에는 무슨 그림을 그릴까
찔레꽃 개나리 제비꽃 고민하다
아이들이 좋아하는 조팝꽃을 그려놓았다
드디어 콩새 아버지의 평생 결심에 따른
녹색의 공중 집이 준공되었다
흔들리는 집에서 나는 아이들의 웃음소리가
하늘을 파랗게 그리고 용마산 푸른 숲을 키울 것이다

-「흔들리는 오두막집」 전문

이 시는 고려대학교 미래교육원 시창작과정의 앤솔로지 제목으로 채택된 바 있는 시집의 제목이다. 그만큼 작품성과 시적 완성도가 높은 시로 평가된다. 이 시는 정춘식 시인이 나무에 지은 콩새의 둥지를 보고 쓴 시다. 시적 화자인 콩새의 아버지가 겨우내 보이지 않아 궁금하였는데 "알고 보니 문화대학에서 / 대목 소목 건축목공 자격증을 / 취득했다는 소식이 들렸다"고 하는 의인법과 활유법에 무릎을 친다. 게다가 "키 작은 콩새 아버지는 남의 손을 빌리지 않고 / 새벽잠을 설치며 도면을 그"리며 "차가운 바람에도 따뜻한 아랫목을 생각하며 / 이끼 풀을 단열재료 사용하였다"는 관찰력이 대단하다. 벽에는 "붉은 벽돌을 쌓을까 회색 벽돌을 쌓을까 / 고민 끝에 짙고 선명한 녹색 벽돌을 쌓"고 "벽에는 무슨 그림을 그릴까 / 찔레꽃 개나리 제비꽃 고민하다 아이들이 좋아하는 조팝꽃을 그려놓았다"하는 상상력은 단연

돋보인다. “드디어 콩새 아버지의 평생 결심에 따른 / 녹색의 공중 집이 준공되었”을 때 콩새 아버지는 얼마나 기뻤을까? 어릴 적 아버지가 직접 블록 벽돌을 찍어, 하나하나 쌓아 올리시며 지으시던 벽돌집에서의 행복했던 추억이 아련하다. 지금 우리 시골집이 바로 그 집이다. 아마도 당시 우리 아버지께서는 저 콩새처럼 설렜을 것이다. 그리고 “흔들리는 집에서 나는 아이들의 웃음소리가 / 하늘을 파랗게 그리고 용마산 푸른 숲을 키”우는 것처럼 그 집에서 자라고 있는 네 명의 자식들 웃음소리에 행복하셨을 것 같다. 주변을 둘러싼 국망봉 돈움산, 주암산의 신록에 푸른 꿈을 꾸셨을 것 같다. 그리고 정춘식 시인 역시 콩새의 흔들리는 집을 통하여 『왕방산 치과의사』를 꿈꾸고 『왕방산 미용실』의 주인을 꿈꾸는 것이 아닌가?

시끌벅적 어수선하게 움직이며 떠드는 소리가 들려 문을 열었다
구리에 살던 까치 비둘기 참새가
수락산을 지나 포천으로 이사 왔다
알고 보니 나 없는 사이에 우리 집을 세 번이나 다녀갔다
까치 총각은 포천 처녀를 얻어 여기서 살고 싶다고 했다
그는 자꾸 운동화 뒤축을 툭툭 차며
앞집 친구한테 말을 해보라 했다
그래서 참새 부동산을 소개해 줬다
탁 트인 전망이 좋은 전봇대에 터를 잡아 3층으로 집

을 짓기로 했다
목재를 러시아 소송으로 할까 미국산 미송으로 할까
건축 자재비와 인건비의 인상으로 고민하다
해룡산 육송으로 기둥을 세우기로 했다
에어컨 바람을 싫어하는 그는 집을 높이 짓기로 결정
했다
드디어 준공식을 한다며 그가 초대장을 보내왔다

-「까치의 초대장」 전문

2년 전쯤 정춘식 시인은 오랜 타향살이인 구리 생활을 끝내고 집을 지어 고향인 포천으로 돌아왔다. 그런데 알고 보니 정춘식 시인의 가족만 이사를 온 것이 아니라 정춘식 시인의 가족을 따라서 "구리에 살던 까치 비둘기 참새가 / 수락산을 지나 포천으로 이사 왔"던 것이다. 그리고 까치네가 정춘식 시인네처럼 집을 짓고 준공식을 한다고 초대장을 보내온 것이다. 정말로 시인다운 발상이다. 외국에서는 까치를 도둑새로 생각해 위해 조류로 구분하지만, 우리나라에선 전통적으로 까치가 울면 손님이 온다든지, 서로 떨어져 살아야 했던 사람들에게 소식이 오거나, 좋은 일이 생긴다고 믿어왔다. 반면에 까마귀가 울면 재수 없는 새로 여겨서 침을 뱉어야 액땜을 할 수 있다고 믿었다. 구리에서부터 정춘식 시인을 따라온 까치는 정춘식 시인이 사는 집 근처에 집을 짓고 정춘식 시인과 이웃으로 살기를 원한다. 그래서 "까치 총각은 포천 처녀를 얻어 여기서 살고 싶다고" 말한다. 까치와 대화를 하는 자체가 의인법이고 활유법으로 정춘식 시인에게는 사람만이 이웃이 아니다. 까치며 참새까지 이웃이라서 정 시인은 "그래서 참새 부동산을 소개해 줬다"고 말한다. 까치는 전망 좋은 전봇대에 3층으로 집을 짓는데, 건축자재의 사용에까지 해룡산의 육송을 쓰면서 고향사랑 이웃사랑을 실천한다. 까치가 집을 짓는데 "건축자재비와 인건비 인상으로 고민하"는 대목은 정말 웃음이 나온다. 까치네 집 준공식에 누가 올 것인가? 우선 구리에서 함께 온 참새와 비둘기는 무조건 참석할 것 같다. 그리고 참새부동산의 주인 참새도 참석할 것 같고 포천의 텃새인 찌빠귀와 후투티도 참석하지 않을까 생각된다. 아마도 제비들이 날아와 축하비행을 하겠지? 생각만해도 유쾌한 준공식이다. 나는 포천의 유지로 까치집 준공식에 참석해 '하늘과 숲을 무상으로 사용해도 좋다'고 축사나 해주어야겠다.

3. 객관적 상관물을 통한 시창작

아버지 생신날
물소가죽 지갑을 선물로 사드렸다
아버지 호주머니에는 단짝 친구
지갑이 껌딱지처럼 붙어 다니셨다
아버지가 돌아가시고 나는
유품으로 물소가죽 지갑을 집으로 모셔왔다

아버지의 체취는 그대로인데
나는 아버지 지갑에 백만 원을 넣어 드렸다
그런데 결혼식장에 가려고 하니 축의금이 모자란다
외출할 때 서랍을 열고 말했다
아버지 저 돈 좀 빌려주세요
그래 얼마나, 하시는 것 같다
대답이 있을 수 없다는 것 잘 알지만
습관처럼 돈 좀 빌려주세요, 한다
오늘 밤 어김없이
춘식아 용돈 확인했다, 며
내 등을 다독이신 것 같다
오늘도 나는 아버지 지갑을 만지작거리고 있다

- 「꿈속에서 일수 찍는 아버지」

사람에겐 누구나 소중하게 여기는 물건이 있다. 우리 아버지는 83세에 돌아가셨으니 천수를 누리신 셈이다. 반면에 우리 어머니는 42세의 젊은 나이에 돌아가셔서 모든 것이 안타깝다. 그래서 아버지의 유품은 안경, 만년필, 책, 시계, 허리띠 등 무수히 많다. 반면에 어머니의 유품은 거의 없다. 나는 시골집에서 쌀통으로 쓰던 드럼통 안에 들어있던 깨져서 실로 꿰맨 흔적이 있는 바가지를 가지고 와 어머니의 유일한 유품으로 여기며 보관하고 있다. 내가 어머니께 선물했던 것은 고물을 주워서 판 돈으로 사드렸던 고무장갑이 전부다. 내가 초등학교 6학년 때쯤의 어머니날(당시엔 어버이날이 아니었음)

이었는데, 겨울에도 맨손으로 꽁꽁 언 개울가에 나가 빨래하시는 어머니가 너무나 안타까웠기 때문에 큰맘 먹고 사다 드린 선물이었다. 어머니는 그 후 3년 만에 간경화로 돌아가셨다. 그때는 선물이라는 것이 통상화되지 않았던 시절이었는데, 그래도 고무장갑 한 켤레라도 선물할 수 있어서 행복하였고, 나는 그 내용을 「거푸집」이란 시로 썼다. 그런데 정춘식 시인은 아버지께 물소가죽 지갑을 선물했었나 보다. 일반적으로 딸이 아버지의 지갑을 선물한다는 것은 보통 있는 일이지만, 시골에 사시는 연세 드신 아버지께 지갑을 선물한다는 것은 자주 있는 일은 아닌 것 같다. 연세 드신 아버지께는 보통 돈이나, 안마의자나 런닝머신 같은 것을 선물하는 경우가 많기 때문이다. 돈 선물은 금방 쓰게 되면 흔적 없이 사라지게 되고, 안마의자나 런닝머신은 선물로 받을 때는 고맙고 좋은 선물이지만, 비싼 값도 하지 못한 채 옷걸이 등으로 쓰이며 애물단지로 전락해버리는 경우를 자주 보아왔다. 그런데 반하여 정춘식 시인은 물소가죽 지갑을 선물하였고, 그런 추억을 「꿈속에서 일수 찍는 아버지」라는 시로 형상화하고 있다. 지금 아버지는 살아계시지 않지만, 정춘식 시인은 아버지가 그리워 아버지의 지갑에 1백만 원을 넣어두고 있고, 돈이 필요할 때면 스스로 빼다가 쓰면서, "아버지 저 돈 좀 빌려주세요"라고 하거나, 아버지는 그 돈을 갚기 위해 날마다 일수를 찍으로 꿈으로 찾아오신다는 설정인데, 그 효심이 갸륵하다.

닷새만 있으면 고유의 명절 설날이다
명절이면 어머니는 늘 과줄을 만드셨다

나도 옛 추억을 더듬으며
호박씨 흑임자 계란 등을 밀가루와 반죽해 과줄을 만든다
냉장고에 숙성시켰던 반죽을 꺼내 홍두깨로 밀고
납작납작하게 자른 반죽을 달궈진 프라이팬에 넣는다
돛 없는 배들이 콩기름호수에 떠다닌다
고소한 냄새가 모두의 코를 벌렁거리게 한다
그때 동생 미화와 연선이가
언니 이거야 어머니를 닮은 참 맛이야, 하며 소리를 지른다
나도 엄마표 과줄 좀 싸주세요
큰아들이 말하자 며느리가 웃었다

옛날 세배 다닐 때 어른들에게
오래오래 사셔야죠, 하면
오래 살아서 뭘해, 하다가도
올해는 과줄 좀 주셔야죠, 하면
이런 미친놈, 하며 주먹을 얼러메던 생각이 난다

방에 매달린 거울 속에
희끗한 중년의 어머니가 웃고 있다

– 「과줄 단상」 전문

과줄이란 옛날에 집에서 밀가루 반죽을 기름에 튀겨 조청을 발라 먹던 간식이다. 흔히 명절 때 많이 만들어 먹었는데 제사상에 올리는 단골 음식이었다. 아버지는 형제지간에도 세배를 해야 하고 부부지간에도 세배를 하면서 서로에게 덕담과 결심을 이야기하라 하시곤 했다. 그래서 나이가 엇비슷한 어른들끼리도 세배를 하곤 했는데, “할아버지 오래사세요.”라고 손자들이 세배를 하면 “오래 살아서 무엇하누. 사는 게 지겨워서 어서 죽어야지.”라고 하다가도 나이 든 형님께 한두 살 어린 아우가 세배를 하면서 “형님, 올해는 과줄 좀 주실라우.”라고 농담을 하면, “예끼 이런 망할 놈 같으니라고.”라며 역정을 내시던 생각이 눈에 선하다. 정춘식 시인과 나는 고향이 같은 포천 사람이다. 그래서 그런지 자라온 환경도 같고 심리적 정서도 비슷하여 공감이 가는 시가 참 많다. 그땐 며칠씩이고 세배를 다녔는데, 이젠 세배를 하던 풍습이 모두 사라졌고, 그저 본인의 아버지, 어머니께 세배를 올리는 게 고작이고, 그나마 아버지 어머니 다 돌아가시고 우리가 아버지 어머니의 자리로 바통을 넘겨받아 세배를 받고 있으니, 세월이 참 빠르다는 격세지감을 느낀다.

이상에서처럼 정춘식 시인의 시 몇 수를 읽어보면서 그의 마음세계를 여행해보았다.

정춘식 시인은 크게 세 가지 방법을 통해서 시창작을

진행하고 있었는데 그 첫 번째는 관찰심상법을 이용한 시창작이었으며 두 번째는 상상심상법을 통한 시창작, 세 번째는 객관적 상관물을 통한 시창작 방법이었다. 이는 정춘식 시인이 오랫동안 시창작수업을 통해 체득된 것으로, 배우지 않고 시를 쓰는 시인들과는 분명히 차별성을 가지고 있어, 효과적으로 써낸 시편들은 그가 얼마나 문학적으로 성숙해가는지를 가늠하게 해준다.

정춘식 시인의 시는 자연을 소재로 시를 쓰는 빈도수가 높다. 그러나 정춘식 시인의 시는 자연과 인간의 조화에 초점을 맞추고 있으며, 결코 인간을 자연 위에서 군림하는 존재로 보지 않는다. 자연은 함께 살아가야 하는 공생의 존재이며, 자연을 고향이나 어머니 같은 존재로 보고 있는 것이다. 따라서 이 시집에는 자연을 스승으로 여기며 배우고 자연을 친구로 함께 살아가려는 에콜로지 시학이라 할 수 있다.

끊임없는 노력으로 이처럼 훌륭한 두 번째 시집을 상재하는 정춘식 시인께 우레와 같은 박수를 보내드린다.

정춘식 제2시집

왕방산 미용실

초판발행일 2024년 6월 25일

지은이 : 정춘식
펴낸곳 : 도서출판 문학공원
발행인 : 김순진
편집장 : 전하라
디자인 : 김초롱
등록 : 2004년 3월 9일 제6-706호
주소 : (우편번호 03382)서울 은평구 통일로 633
녹번오피스텔 501동 302호 스토리문학사
전화 : 02-2234-1666
팩스 : 02-2236-1666
홈페이지 : https://blog.naver.com/ksj5562
이메일 : 4615562@hanmail.net